AF245311

DE LA
RÉVOCABILITÉ

DU

MANDAT DE DÉPUTÉ

Par Forward

> Il faut se tenir en garde contre
> la probité politique de nos parle-
> mentaires.
>
> TIMON.

> Plus d'équivoque ? Mais pas
> d'Intolérance, sinon contre l'hypo-
> crisie.
>
> ÉMILE DE GIRARDIN.

Prix : **20** c. — *Franco* : **25** c.

PARIS

LIBRAIRIE UNIVERSELLE DE GODET JEUNE

PLACE DES VICTOIRES, 9

Et chez tous les Libraires.

—

1876

PARIS

IMPRIMERIE MODERNE (BARTHIER DIRECTEUR)

61, RUE JEAN-JACQUES-ROUSSEAU, 61

SOMMAIRE :

AVANT - PROPOS

Depuis un siècle bientôt la *Souveraineté du peuple* est inscrite au frontispice de toutes les constitutions qui ont régi la France, moins la Charte octroyée de 1815.

Mais quand et comment le peuple a-t-il exercé cette souveraineté ? Cela n'est pas facile à découvrir.

Un électeur a pensé qu'en suivant les débats qui ont eu lieu à l'Assemblée nationale, il lui serait possible de s'éclairer et d'apprendre de la bouche des mandataires du peuple, comment ils comprennent que les mandants peuvent exercer leurs droits et remplir leurs devoirs de citoyens.

Or, ces débats lui ont seulement prouvé qu'aux yeux du plus grand nombre des députés, le mandat qui leur est conféré se transforme, par le fait seul de l'élection, en une véritable abdication du corps électoral à leur profit.

La discussion de la loi électorale, notamment, lui a fourni ce singulier spectacle de mandataires préoccupés, par dessus tout, des moyens de limiter les droits de leurs mandants, et de se mettre à l'abri de revendications indiscrètes. Témoin l'article 13 de la loi. Quant à la souveraineté du peuple, on l'a plus souvent niée qu'affirmée. En lisant ces discussions, l'auteur se rappelait ce que disait Timon : « *Il faut « se tenir en garde contre la probité politique de nos « parlementaires.* »

Désireux de remplir ses devoirs d'électeur avec connaissance de cause, l'auteur a consulté les écrivains qui ont traité ce sujet, afin de se faire une idée aussi nette que possible de la relation qui existe entre ces trois termes :

SOUVERAINETÉ NATIONALE,

SUFFRAGE UNIVERSEL.

RÉPUBLIQUE.

C'est le résultat de ses recherches et de ses comparaisons que l'auteur croit utile de communiquer à ses concitoyens, électeurs comme lui, et comme lui désireux d'exercer leurs droits dans toute leur plénitude, sans usurper celui des autres, et aussi de remplir scrupuleusement leurs devoirs de citoyens.

DE LA SOUVERAINETÉ DU PEUPLE.

La nation seule est souveraine. C'est là un axiôme. Il serait aussi puéril de faire la démonstration de cette vérité que de la nier.

La souveraineté réside dans l'*universalité* des membres de la nation, —et non pas seulement dans une fraction, si nombreuse qu'elle soit, s'attribuant elle-même la souveraineté, arbitrairement ou conventionnellement. Dans ce cas même la partie active de la nation agit d'une part, pour son propre compte et de l'autre, en vertu d'un mandat tacite de l'autre partie, qui est de beaucoup la plus nombreuse, puisqu'elle comprend les femmes, les incapables, les mineurs.

De là vient d'abord l'*indivisibilité* de la souveraineté, puisque celle-ci appartient à tous et non à une partie.

L'indivisibililé a pour conséquence l'inaliénabilité, — la partie active, c'est-à-dire le corps électoral, ne peut avoir le droit d'aliéner ce qui ne lui appartient pas en propre, ce qui est de sa nature indivisible.

Le droit individuel de chaque électeur est limité par le droit des autres électeurs, et de plus par celui des absents, comprenant les mineurs; il ne doit rien faire qui soit de nature à porter atteinte aux droits d'autrui. Ceci fait bien comprendre la cause de l'inaliénabilité de la souveraineté, et c'est pourquoi, ainsi que le faisait observer M. de Cormenin : « *nous ne sommes tous que des mandataires.* »

Le Président de la République et les ministres sont les mandataires de l'Assemblée. Les députés sont les mandataires des électeurs, et ces derniers agissant en vertu de leur propre part de souveraineté, sont en même temps les mandataires de ceux qui n'élisent pas.

Il en résulte que tout acte qui a pour but ou pour effet une aliénation totale ou partielle, définitive ou temporaire de la souveraineté nationale, est, au point de vue des principes, entaché de nullité : car nul n'a le droit de disposer de ce qui ne lui appartient pas.

DE L'EXERCICE DE LA SOUVERAINETÉ.

Si l'on peut, à la rigueur, comprendre l'exercice direct de la souveraineté du peuple comme dans quelques cantons de la Suisse, on comprend que dans une civilisation aussi compliquée que celle des sociétés modernes, avec une population nombreuse, il y a des questions qui ne sauraient, actuellement, être résolues de cette manière : aussi le suffrage universel est-il la conséquence nécessaire, inévitable de la souveraineté du peuple.

Il faut donc recourir à la délégation, mais en aucun cas le mandataire n'a le droit de faire autre chose que ce qu'aurait fait le mandant, s'il eut pu exercer son droit directement.

Encore moins lui est-il permis de faire usage de son mandat au delà des limites du droit du mandant.

Les plébiscites qui ont pour objet l'aliénation de la *souveraineté nationale* dépassent les droits de l'électeur, et sont par cela même frappés de nullité. —L'empire nous en fournit la preuve. Si Napoléon III avait considéré comme sérieux, comme définitif, le vote du premier plébiscite, pourquoi aurait-t-il éprouvé le besoin de retremper son pouvoir par le plébiscite de 1870 ?...

Eh bien ! le système électoral, tel qu'il a été pratiqué jusqu'à ce jour, est-il autre chose que le système plébiscitaire appliqué aux députés au lieu de l'être au chef de l'Etat? N'est-il pas l'aliénation, temporaire, il est vrai, mais enfin l'aliénation de la souveraineté, et au point de vue des principes. est-il douteux que l'électeur qui consent à voter dans ces conditions dépasse son droit et dispose de ce qui ne lui appartient pas? Cette erreur ou cette faute de la part des électeurs a eu pour conséquence la même erreur et la même faute de la part des députés. Sans remonter plus loin qu'aux élections de février 1871, n'est-ce pas parce que les électeurs ont donné, comme à l'ordinaire, aux députés des pouvoirs non limités, qu'ils n'avaient pas le droit de donner, que le pays a dû, pendant cinq ans, assister au spectacle affligeant de l'anarchie morale qui a régné dans l'Assemblée, anarchie dont la source manifeste a été dans les apostasies éhontées de tant de mandataires qui, pour être élus, avaient pris le masque républicain.

Si la théorie exposée ici avait besoin de s'étayer sur autre chose que la raison et la logique, l'histoire de l'Assemblée,—unique dans son genre,— qui a régné pendant cinq ans sur la France, fournirait cent preuves de la nécessité de modifier notre législation électorale, si nous voulons rentrer dans le droit véritable, et surtout si nous voulons obtenir la *sincérité de la représentation nationale.*

DE LA LIBERTÉ DES ÉLECTIONS.

La sincérité de la représentation nationale ne peut être obtenue que par la liberté des élections. Toute pression matérielle ou morale exercée sur les électeurs est un obstacle à leur liberté.

Le corps électoral est le grand jury national. Pour qu'il puisse prononcer selon sa conscience, il importe qu'il soit à l'abri de promesses faites pour le corrompre, autant que de menaces faites dans le but de l'intimider.

La corruption électorale avait acquis un tel développement sous le gouvernement de la quasi-légitimité, qu'elle finit par engendrer la révolution de 1848, dite la révolution du mépris.

Le deuxième empire, par sa chute, a prouvé une fois de plus que la violence ne fonde jamais rien de stable. Comme le précédent, il a aussi prouvé que la corruption et le mensonge érigés en système de gouvernement, ne peuvent avoir qu'un succès éphémère. — Napoléon III a pu voir, en 1870, de quel secours est pour un gouvernement une représentation nationale viciée dans son principe. C'est le gouvernement absolu, moins la franchise.

Un gouvernement, si les circonstances le mettent dans le cas de consulter le pays, doit le faire avec le désir de connaître l'opinion publique et non avec la volonté de lui imposer la sienne.

Tous les gouvernements qui agissent autrement

marchent à leur perte,—ce qui serait peu de chose,— si ce n'était toujours le pays [qui supporte les conséquences de l'outrecuidante présomption des gouvernants.

Dans un gouvernement monarchique, l'intérêt de la couronne passant avant l'intérêt du pays, la corruption est un rouage gouvernemental ; il doit en être autrement dans un gouvernement démocratique dont la base est le suffrage universel, — où le rôle du gouvernement est, ou doit être, de veiller à la stricte observation des lois et de se conformer aux volontés du pays exprimées par ses mandataires. — Son immixtion dans les élections est à la fois un non-sens et une violation de la souveraineté nationale.

Si elles lui sont contraires, il entre en lutte avec l'opinion publique, et les probabilités sont que dans cette lutte l'opinion publique finira toujours par triompher. — Si elles lui sont favorables, la représentation nationale ainsi obtenue est sans autorité morale. — Comment pourrait-il en être autrement ? Sa mission principale est de contrôler les actes du pouvoir exécutif. Ce contrôle sera-t-il sincère, si c'est le contrôlé qui choisit le contrôleur?

Nous sommes et serons longtemps encore dominés par les anciens préjugés que nous a légués la monarchie en matière de gouvernement représentatif. On persiste à vouloir se servir des mêmes procédés sans tenir compte des circonstances qui sont sans analogie.

Les motifs qui avaient fait confier l'exécution des lois électorales aux ministres de la monarchie sont précisément ceux qui, sous le régime du suffrage universel rendent indispensable le retrait de cette exécution au Pouvoir exécutif.

Il faut observer la séparation du pouvoir législatif du pouvoir exécutif. — Le corps électoral est le véritable pouvoir législatif, puisque c'est par ses mandataires que la loi est faite.

Confier l'application des lois électorales au pouvoir exécutif, c'est mettre le pouvoir législatif dans sa dépendance, ce qui est contraire à tous les principes.

L'Assemblée nationale nomme son Président, ses vice-Présidents, les membres de son bureau, ses commissions, etc., en dehors de toute ingérence des ministres.

N'est-il pas étrange que cette anomalie n'ait pas frappé nos législateurs, qu'ils s'attribuent à eux mandataires des prérogatives dont les mandants sont privés.

La raison dit que le corps électoral, expression vivante de la souveraineté nationale, source de tous les pouvoirs, notamment source directe du pouvoir législatif, doit être comme l'Assemblée nationale qui en est l'émanation, absolument indépendant du pouvoir exécutif.

La formule de cette séparation (conforme aux principes) ne serait pas difficile à trouver, pour peu qu'on y mit de la bonne volonté. En attendant, il serait à désirer que la prochaine Assemblée annulàt impitoyablement toute élection qui aurait été le résultat de l'intervention ministérielle ou administrative. — Ce serait une première satisfaction donnée à la conscience publique.

DU RÔLE DE L'ÉLECTEUR

Puisque les citoyens ne peuvent exercer leurs droits que par voie de délégation ou de mandat, ces deux mots ayant ici la même acception, — il importe de bien préciser les limites des droits et des devoirs des mandants et des mandataires.

Le mandat est ainsi défini par le Code civil :

« Art. 1984. — Le mandat ou procuration est « un acte par lequel une personne donne à une « autre le pouvoir de faire quelque chose pour le « mandant et en son nom. — Le contrat ne se forme « que par l'acceptation du mandataire. »

« Art. 1988. — Le mandat conçu en termes gé- « néraux n'embrasse que les actes d'administration. « — S'il s'agit d'aliéner ou hypothéquer, ou de « quelqu'autre acte de propriété, le mandat *doit être* « *exprès.*

« Art. 1989. — Le mandataire ne peut rien faire « au-delà de ce qui est porté dans son mandat. — « Le pouvoir de transiger ne renferme pas celui de « compromettre.

« Art. 2003. — Le mandat finit : — par la *révoca-* « *tion du mandataire* ;

« Par la *renonciation* de celui-ci au mandat ;

« Par la mort naturelle ou civile, l'interdiction ou « la déconfiture, soit du mandant, soit du manda- « taire.

« Art. 2004.— Le mandant peut révoquer sa pro-
« curation quand bon lui semble, et contraindre,
« s'il y a lieu, le mandataire à lui remettre, soit
« l'écrit sous seing privé qui la contient, soit l'ori-
« ginal de la procuration si elle lui a été délivrée en
« brevet, soit l'expédition s'il en a été gardé mi-
« nute. »

Le droit des électeurs estil contestable?

La loi dit :

Le mandant a le droit de révocation.

Le mandataire a le droit de renonciation.

Si jusqu'à présent le droit des électeurs a manqué
de sanction, c'est seulement parce que leurs mandataires n'ont pas jugé utile de leur donner un moyen
légal de l'exercer.

Nous, électeurs, n'avons jamais eu de motifs plus
sérieux, plus légitimes que dans ce moment pour ré-
clamer que ce droit soit reconnu et formulé dans la
loi électorale, afin de lui donner une sanction. In-
sister sur ce point n'est pas seulement le droit des
électeurs, c'est aussi leur devoir, s'ils veulent res-
pecter le principe fondamental de la souveraineté du
peuple, l'inaliénabilité. Sans cela, l'élection est un
plébiscite parlementaire, une abdication, or le peuple
n'a pas le droit d'abdiquer.

On verra plus loin comment on peut donner une
solution à la fois simple et satisfaisante aux diffi-
cultés que présente cette question.

Encore une fois, la nécessité de posséder un
moyen légal d'exercer le droit de révocation ne s'est
jamais imposée d'une manière plus impérieuse. Il

faut que les candidats à la députtaion, soient con-
vaincus que l'hypocrisie ne peut plus espérer les
triomphes trop faciles qu'elle a obtenus par le passé
et que les électeurs sont décidés à exiger en politique autant de probité que dans la vie civile. —
On obtiendra ainsi plus de sincérité dans les déclarations des candidats, et dans tous les cas, avant de
trahir leurs engagements, leurs promesses, ils y re-
garderont peut-être à deux fois.

DES CANDIDATS

Si nous avons des droits à exercer, nous avons aussi des devoirs à remplir. — Après le respect des droits d'autrui, l'un des plus sacrés de ces devoirs est dans le choix judicieux des candidats qui briguent nos suffrages.

De tous les points de l'horizon nous arrive ce cri :

Méfiez - vous !

et chacun ajoute : Votre garantie est dans la sincérité des déclarations des candidats, dans leur caractère, dans leur honorabilité.

Cela veut-il dire que précédemment les électeurs ont voté aveuglément, s'en rapportant aux belles paroles des candidats, sans exiger d'eux des engagements, des promesses ?

Nullement, et si les précautions prises par les électeurs ont été infructueuses dans le passé, pourquoi donneraient-elles de meilleurs résultats aujourd'hui ? Sans doute, les intrigants qui se sont démasqués dans ces dernières années ne tromperont plus personne, mais à côté de ceux-là il y en a de nouveaux tout disposés à les remplacer, et qui ne seront pas plus arrêtés que leurs devanciers par les engagements, par les promesses qu'on exigera d'eux. Ils iront même au-delà... avant l'élection, bien entendu.

Non, par ce temps *d'ordre moral*, où les restrictions mentales jouent un si grand rôle, rien ne peut remplacer des garanties réelles.

Un candidat sollicite l'honneur d'être le mandataire d'un certain nombre d'électeurs; il expose ses principes, il répond aux questions qu'on lui pose. Les électeurs confiants dans l'engagement d'honneur pris par le candidat de défendre ces principes et de ne pas dévier de la ligne politique exposée par lui-même, lui accordent leur confiance. Il est nommé député.

Le lendemain, le député change d'opinion et agit sans se préoccuper des engagements pris par lui la veille. Il agit, dit-on, selon sa conscience. C'est-à-dire qu'il substitue sa conscience à celle des électeurs qui l'ont nommé. — A ce moment, sa conscience devrait aussi lui crier, qu'ayant personnellement pris une route opposée à celle qu'il s'était engagé à suivre pour le compte de ses mandants, son devoir strict serait de se représenter devant ses électeurs, afin de savoir s'ils approuvent ce changement de ligne et si, lui, possède encore leur confiance.

Cela ne s'est pas encore vu.

Qui oserait affirmer que le jour où le candidat abandonne la cause qu'il s'est engagé de servir, le contrat passé entre lui et les électeurs n'est pas virtuellement annullé ?

Nos lois disent que les conventions sont la loi des parties ; le contrat devient nul par ce seul fait que l'une des parties ne les a pas observées.

Au point de vue strict du mandat, il y a ceci : — Le mandat est donné à un candidat qui a capté la confiance des électeurs; le jour où les électeurs cessent d'avoir confiance dans le député, le mandat est moralement révoqué — le mandataire ne fait plus qu'usurper les droits de ses mandants.

L'expérience a trop prouvé que les garanties qui reposent sur de simples promesses sont illusoires, ceux qui veulent fermement la *sincérité* de la représentation nationale ne peuvent s'en contenter.

Nous devons provoquer un engagement de la part des candidats de demander à la prochaine Assemblée une addition à la loi électorale, ayant pour objet de faire rentrer les députés dans le droit commun, en donnant une sanction légale au droit incontestable des électeurs de rappeler un député qui a cessé d'avoir leur confiance.

Dira-t-on que des candidats honorables et sincères ne voudront pas accepter un mandat donné dans de telles conditions. A cela on peut répondre que jamais un honnête homme n'hésitera à donner des garanties sérieuses de sa bonne foi. Les intrigants seuls tâchent d'éluder cette obligation.

Le gouvernement a par toute la France et à l'étranger une véritable armée de mandataires. Ambassadeurs, Consuls, Préfets, Généraux, Amiraux, etc., les fonctionnaires à tous les degrés ne sont pas autre chose. Le jour où l'un d'eux, pour un motif quelconque, a perdu la confiance du gouvernement, n'est-il pas remplacé dans ses fonctions? — Des exemples récents l'ont assez prouvé ?

L'Assemblée elle-même ne fournit-elle pas des arguments à l'appui de cette théorie? Un ministre, un ministère tout entier est acclamé par la majorité;

le lendemaln il y a désaccord, l'Assemblée, par un vote, renverse ce qu'elle a acclamé la veille. La Constitution prévoit même le cas où le Président de la République et ses ministres peuvent être mis en accusation. L'Assemblée change ses Présidents, elle change les membres de son bureau.

Combien de fois ne l'a-t-on pas vue, après avoir nommé une commission dont les membres avaient probablement sa confiance, prendre une décision absolument contraire à celle que lui proposait la commission ?

Ainsi partout on voit le mandataire subir l'influence, disons plus, la volonté du mandant.

Sur quoi se fonde-t-on pour laisser au député ce singulier privilége d'être absolument irresponsable de ses actes, vis à-vis de ses mandants ?

Dans la situation actuelle des choses, le mandataire a des droits supérieurs à ceux du mandant.

En effet le député a le droit de renoncer au mandat quand cela lui convient. Il lui suffit pour cela d'adresser sa démission au Président de l'Assemblée nationale.

Pourquoi les électeurs, eux, sont-ils condamnés à subir le député qui n'a plus leur confiance?

Cela donne lieu à cette bizarre anomalie que la nation, le vrai, l'unique souverain, est seul privé, on pourrait dire dépossédé par ses mandataires, de ce qui est précisément l'attribut de la souveraineté, c'est-à-dire de son droit de contrôle permanent et de *veto* dans toutes les questions qui l'intéressent.

DES VOIES ET MOYENS.

La discussion et une étude plus approfondie de la question en feront trouver la vraie solution.

En attendant, l'observation de quelques faits indiquera peut-être la voie à suivre.

Pendant les cinq années du règne de l'Assemblée de Versailles, elle s'est octroyée de nombreuses vacances. Dans ces circonstances, elle a montré à quel point elle était jalouse de l'autorité souveraine qu'elle s'était attribuée. A chaque prorogation, elle n'a pas manqué de nommer une *Commission de permanence*, chargée de surveiller le pouvoir exécutif, et même de convoquer l'Assemblée si elle le jugeait nécessaire.

On ne peut que louer l'Assemblée de cette mesure de prudence, mais on peut regretter qu'elle n'ait pas jugé utile de laisser aux assemblées futures le moyen constitutionnel de suivre ses errements.

Quoi qu'il en soit, les députés ne doivent pas trouver mauvais, que ce qu'ils ont cru utile de faire, vis-à-vis du Président de la République et de son gouvernement, les élécteurs éprouvent le désir de le faire vis-à-vis de leurs mandataires.

Voici une autre observation. On lit dans le *Rappel* du 4 janvier :

« On sait d'ailleurs que le département de la Gi-

« ronde est un de ceux où le parti républicain est
« le mieux organisé. Un des premiers, il a formé au
« chef-lieu une convention·départementale réunis-
« sant les délégués des arrondissements et des can-
« tons, et représentant fidèlement tous les électeurs.
« C'est ainsi que les républicains ont pu, aux diverses
« élections partielles qui ont eu lieu dans la Gironde,
« depuis cinq ans, battre les partis monarchiques,
« soit coalisés, soit séparés. Les réactionnaires ont
« essayé, mais vainement, d'imiter cet exemple. »

Y aurait-il plus d'inconvénient à la création *légale*
de commissions de permanence électorales, n'ayant
à s'occuper que des faits et gestes d'un député qu'il
n'y en a eu à la création de la Commission de permanence de l'Asssemblée nationale?

Cette commission formée de délégués de la circonscription électorale en nombre déterminé, *ayant
accueilli et patronné la candidature* d'un député, aurait pour mission unique de surveiller l'exécution du
mandat confié au député avec pouvoir, selon les circonstances, de l'avertir et au besoin de le révoquer.

Ces délégués seraient mieux que d'autres en mesure d'apprécier si le député se conforme à la ligne
de conduite qu'il a exposé devant eux. Quel cas fau-
drait-il faire des promesses d'un candidat qui refu-
serait de se soumettre à une telle juridiction, qui à
vrai dire, serait simplement un *jury d'honneur.*

Cette commission serait d'autant plus exposée à
l'indulgence qu'elle n'aurait aucun intérêt à se mon-
trer trop exigeante et à chercher de mauvaises que-
relles au député, puisqu'en cas de démission ou de
révocation injuste, elle s'exposerait à voir sa décision

infirmée par le corps électoral, qui ne manquerait pas de réélire le député injustement attaqué.

La commission n'agirait donc que dans ces cas qui révoltent la conscience publique, comme nous en avons vu trop d'exemples pendant ces dernières années.

N'est-il pas permis de supposer que si les députés dont il s'agit avaient eu à redouter une révocation ils auraient peut-être reculé devant cette perspective !

Cette sanction aurait donc l'avantage si désirable de rappeler à la probité politique tant de gens qui ne paraissent pas se douter que leurs intrigues s'écartent quelque peu des règles de la morale, et cela parce que jusqu'ici ils ont pu s'y livrer avec impunité.

Donc, en ce qui concerne les rapports *des députés avec les électeurs qui les ont nommés*, il importe que la loi électorale soit complétée par quelques articles donnant :

1º Aux électeurs, les moyens légaux de rappeler un député qui aurait cessé d'avoir leur confiance, et d'exercer ainsi le droit de révocation inhérent à tout mandat ;

2º Aux députés, certaines garanties contre des attaques injustes ; en exigeant, par exemple, que la révocation ne puisse être prononcée par la commission de permanence qu'à la majorité des deux tiers des membres présents.

Projet d'articles additionnels à la loi électorale.

DES RAPPORTS ENTRE LES DÉPUTÉS ET LES ÉLECTEURS

QUI LES ONT NOMMÉS.

1. Les délégués de chaque circonscription électorale qui auront concouru à l'élection d'un député pourront se former en commission de permanence, avec mission de rester en communication avec ledit député.

2. Le procès-verbal de constitution de cette commission sera signé par le candidat à la députation, qui en acceptera les décisions relatives à son mandat comme il en aura accepté le patronage auprès des électeurs.

3. Cette commission, en conséquence, aura le droit, dans le cas où le député ne tiendrait pas les promesses faites par le candidat, et qui ont motivé son élection, de le rappeler à l'exécution de ses promesses.

4. Dans le cas où le député ne tiendrait pas compte de cet avis et persisterait à ne pas remplir son mandat selon ses promesses, la commission aura le droit de lui demander sa démission, et en cas de refus, de prononcer sa révocation.

5. Toutefois, comme une telle décision ne peut être prise que pour des cas d'une gravité exceptionnelle, la révocation ne pourra être prononcée qu'à la majorité des deux tiers des membres présents.

La commission ne pourra, selon l'usage établi, délibérer valablement, que si les membres présents forment la majorité plus un des membres composant la commission.

En outre, le procès-verbal de la séance de la commission devra constater que tous ses membres ont été régulièrement convoqués.

6. Ce procès-verbal sera notifié au Président de l'Assemblée—et le corps électoral sera immédiatement convoqué afin de pourvoir au remplacement du député démissionnaire ou révoqué.

APPENDICE

EXTRAITS DE DIVERS AUTEURS & JOURNAUX

A M. Louis Blanc rappelant que M. Fresneau disait en 1848 :

« Que la souveraineté était inaliénable, qu'il ne « pouvait y avoir d'Assemblée souveraine, cela por-« terait atteinte au suffrage universel. Ce n'est pas « l'Assemblée, c'est la nation qui est souveraine, »

Un membre répond :

« La théorie du peuple souverain, c'est la néga-« tion de la souveraineté du Parlement. Cette théorie « amène les mandants à demander la démission « des mandataires qu'ils n'ont pas nommés. »

Un autre dit :

« Je reconnais le peuple souverain ; mais il n'y a « que l'Assemblée elle-même qui puisse dire que son « mandat est terminé...» C'est là une simple variante... la conclusion est toujours que la souveraineté appartient au Parlement et non à la nation.

Enfin, un quatrième ajoute :

« Vous avez mis en avant la théorie du nombre,

« théorie révolutionnaire ; avec cette théorie, vous
« amenez le despotisme inconscient et irresponsable.

« *Il n'y a pas de nombre qui soit au-dessus de la*
« *justice et de la pensée.*

« Non, les radicaux ne sont pas des républicains. »

Singulier effet des idées mal définies. Au moment
où il refuse aux radicaux le titre de républicains,
l'orateur leur emprunte une de leurs maximes. —
C'est parce qu'ils disent aussi qu'*il n'y a pas de
nombre qui soit au-dessus de la justice et de la pensée*,
qu'ils proclament que *la République*, c'est-à-dire
le suffrage universel dont elle seule peut être l'expression *est au-dessus du droit des majorités*, c'est-à-
dire du nombre.

M. de Girardin dit :

« Pour que la Constitution française de 1875
« ferme à la fois la porte aux révolutions et aux res
« taurations, que faut-il ? Il faut qu'aux élections gé-
« nérales du 20 février prochain, la République ouvre
« la sienne toute grande à tous ceux des éligibles
« sans distinction d'origine et de date, que la raison
« et le patriotisme auront *sincèrement* ralliés à elle.

« J'entends l'objection :

« La *sincérité* des candidats ! Mais c'est là précisément que sera la pierre d'achoppement.

« Je réponds :

« Non. Ce ne sera pas la pierre d'achoppement si
« l'expérience, etc...

Et ailleurs :

« Plus d'équivoque! mais pas d'intolérance sinon
« contre l'hypocrisie. »

Et à propos de l'article 13, ainsi conçu : « Tout
« mandat impératif est nul et de nul effet... » Mais
« cet article, dépourvu de toute sanction, n'interdit
« pas aux électeurs ennemis de toute révolution et
« et de toute restauration, soit royaliste, soit impé-
« rialiste, de décider, dans chaque arrondissement,
« qu'ils considéreront comme suspecte et ne devant
« obtenir aucune voix républicaine, toute profes-
« sion de foi électorale en tête de laquelle ne seront
« pas imprimés ces mots :

RÉPUBLIQUE FRANÇAISE

« Et comme il faut prévoir tout subterfuge, si le
« mot « révision » s'est faufilé dans la profession de
« foi, ils feront prudemment d'exiger que le signa-
« taire s'explique catégoriment. »

M. Lockroy dit dans le *Rappel* du 6 janvier :
« Je suppose un mandat défini et un programme
« rédigé. Voilà un candidat qui accepte le mandat et
« qui jure d'être fidèle au programme. — Qui vous
« répond que ce candidat tiendra ses engagements ?
« Notez que tous les candidats, pour devenir dépu-
« tés, acceptent tous les mandats et jurent d'être

« fidèles à tous les programmes.— Proposez tout ce
« que vous voudrez…

« Les serments ne leur coûtent rien. Rien ne
« coûte aux candidats en fait de serment. Souvent,
« par malheur, le lendemain de l'élection, le peuple
« s'aperçoit qu'il est dans la situation de La Châtre
« avec son billet. »

Voici ce qu'écrivait M. de Cormenin en 1846,
c'est-à-dire avant l'établissement du suffrage universel :

« Nul n'a de droit propre dans notre pays, si ce
« n'est la nation, dont la souveraineté sur la terre,
« comme celle de Dieu dans le ciel, n'a pas eu de
« commencement et n'aura pas de fin.

« Et c'est parce que sa souveraineté n'a ni com-
« mencement ni fin, qu'elle ne peut ni se diviser,
« ni s'aliéner, ni se prescrire, ni se corrompre ni
« mourir. »

Si M. de Cormenin vivait de nos jours, il n'écri-
rait pas autre chose que ce qu'il écrivait en 1846 ;
il disait :

« Le système de l'intervention des ministres et de
« leurs agents dans les élections a radicalement
« faussé depuis trente ans le gouvernement repré-
« sentatif… »

Seulement, aujourd'hui, il dirait *soixante ans*, et
non pas seulement trente.

« Nous, gens de la minorité, disait-il encore, nous
« ne demandons pas à cette majorité de ne pas être
« notre gouvernante, notre souveraine, notre maî-
« tresse ; c'est là sa condition, c'est sa loi, c'est là
« sa prérogative constitutionnelle. Nous ne lui de-
« mandons qu'une chose, d'être sincèrement la ma-
« jorité...

« ... Je crois à la souveraineté du peuple, comme
« je crois à Dieu ; je crois que le suffrage universel
« direct, très-direct, est, pour tout homme logique,
« la conséquence forcée de mon principe : mais si
« les ministres et leurs agents devaient intervenir,
« mettez-moi le suffrage universel dans la main, je
« jure que je ne l'ouvrirai pas.

« ... Les électeurs seraient (disons doivent être)
« les grands jurés de la France dans les assises des
« élections, n'ayant en vue que l'ordre, la liberté,
« l'indépendance et la grandeur de leur pays. »
Empruntons lui encore ce passage :
« Quant au pays, tant électoral que non élec-
« toral, il obéirait d'autant mieux aux lois ; il
« seconderait d'autant mieux les ministres, il paye-
« rait d'autant mieux les impôts, qu'il saurait que
« ces lois ont été faites, ces ministres indiqués et
« ces impôts votés par une Chambre libre, indépen-
« dante et sincère.

« Voilà l'intérêt du pays, voilà son vœu, voilà
« son droit. »

Dans une lettre de M. Gambetta on lit :

« Vous choisirez donc pour le Sénat, comme
« pour la Chambre des députés, des républicains
« sincères, loyaux ; non pas que je veuille que vous
« vous regardiez à la date et à l'origine de leurs
« convictions : la fermeté, le désintéressement,
« l'autorité du caractère, l'honoralité, voilà les con-
« ditions qu'il faut exiger de vos candidats. »

M. Lockroy, dans le *Rappel* du 7 janvier, dit :

« O citoyens, défiez-vous des intrigants ! défiez-
« vous des gens que vous ne pouvez pas dire que
« vous les avez vus, de vos yeux vus, dans les mo-
« ments de crise ! Défiez-vous des hommes qu'on
« vous présentera comme des hommes nouveaux,
« parce qu'ils n'auront rien fait, ni su faire, ni osé
« faire. Défiez-vous des hommes éprouvés, dont on
« ne parle que depuis six mois ; défiez-vous des gens
« qui trouvent que le radicalisme est une opinion
« trop modérée pour eux ; défiez-vous des parleurs,
« des déclamateurs, des faiseurs de proclamations
« et des fabricants de programmes ! En 1869, un
« candidat était plus violent, plus républicain, plus
« radical que tous les autres ; ce candidat s'appelait
« Clément Laurier ! »

Ecoutons M. Casimir Périer dans une lettre qu'il adresse aux électeurs du département de l'Aube :

..... « Des candidats d'origines diverses s'offriront
« à vous. Dans un pays secoué par tant de révolu-
« tions, ce ne peut être un motif d'exclusion que
« d'avoir été, en d'autres temps, attaché à d'autres
« formes de gouvernement; mais il faut que les
« déclarations d'adhésion aux institutions actuelles
« soient franches et claires, les engagements sans
« équivoques et sans réticences. Là seront vos ga-
« ranties et plus encore, dans le caractère personnel
« et la rectitude de la conduite. »

.... « Les professions de foi générales et vagues,
« les grands mots vides de sens ne sont plus de
« mise aujourd'hui. La France est lasse des équi-
« voques et des sous-entendus ; chacun doit faire
« connaître nettement ce qu'il est et ce qu'il veut ;
« vous saurez l'exiger, et vous écarterez résolûment
« quiconque voilera sa pensée, car celui-là cher-
« chera à vous tromper. »

M. de Girardin dit dans le *Petit Journal* du 17 jan-vier 1876 :

« La France tourne, les yeux bandés, dans un un cercle vicieux. Il n'y aurait que l'esprit de ré-forme qui pourrait vaincre l'esprit de parti, et l'esprit de parti oppose une résistance invincible à l'esprit de réforme.

« L'esprit de parti, s'il persiste, sera le déclin de la France.

« L'esprit de réforme, s'il parvenait à prévaloir, en pourrait être la grandeur.

« La France est avertie :

« L'instant suprême d'un effort héroïque sur elle-même est venu.

« A la France de choisir résolûment entre la grandeur qui est en elle et le déclin qui a mené au tombeau l'empire romain, et qui y conduit à grande vitesse l'empire ottoman, précédé par son ancien vainqueur, le royaume de Pologne. »

Paris. — Imp. Moderne (Barthier, d⟩), rue J.-J.-Rou eau, 61.